오늘의 나는? 칭찬 스티커

♥ 문해력 쑥쑥! 문장 쓰기 연습을 한 후 오늘의 나를 칭찬하는 스티커를 붙여 주세요.

© 2025 SANRIO CO., LTD.

SANRIO CHARACTERS
문해력 문장 쓰기 쑥쑥

문장 만들기
이어 주는 말, 꾸며 주는 말, 도와주는 말 쓰기

문장 완성하기
문장 부호, 띄어쓰기, 헷갈리는 띄어쓰기

문장 표현하기
감정 단어, 소개 글, 다양한 경험 쓰기

이 책의 구성과 특징

스스로 공부하는 단계별 문장 쓰기 활동!

- 문장 만들기
- 문장 완성하기
- 문장으로 표현하기
- 학습 진도표
- 칭찬 스티커

문해력 쑥쑥! 단계별 문장 쓰기로 글 쓰기에 대한 이해력을 높여요.
참 잘했어요! 공부한 날짜를 적고, 칭찬 스티커를 붙여요.

재미있는 놀이 활동!

받아쓰기 연습장, 나만의 문장 카드!

쉬었다 가요! 다른 그림 찾기, 끝말잇기 등을 하면서 재미있게 쉬어 가요.
재미있게 공부해요! 받아쓰기를 연습하고, 문장 카드도 만들어요.

차례

 **1장 문장의 성분** ········· 4
- 문장의 주어/목적어/서술어
- 문장 끊어 읽기
- 미니 테스트
- 다른 그림 찾기

2장 문장 만들기 ········· 24
- 문장을 이어 주는 말
- 문장을 꾸며 주는 말
- 문장을 도와주는 말
- 미니 테스트
- 끝말잇기

 **3장 문장 완성하기** ········· 46
- 문장 부호
- 띄어쓰기
- 헷갈리는 띄어쓰기
- 미니 테스트
- 가로세로 낱말 퍼즐

 **4장 문장으로 표현하기** ········· 70
- 감정 단어 쓰기
- 소개하는 글 쓰기
- 다양한 경험 쓰기
- 미니 테스트
- 숨은 그림 찾기

1장
문장의 성분

주어

서술어

목적어

은/는

이다.

을/를

문해력 쑥쑥! 이런 내용을 배워요!

• 1단계 •
문장을 구성하는 주어, 목적어, 서술어를 배워요.

• 2단계 •
문장에서 주어, 목적어, 서술어를 찾을 수 있어요.

• 3단계 •
문장을 끊어 읽으면서 글을 정확하게 이해해요.

• 4단계 •
미니 테스트로 실력을 확인해요.

문장의 주어

● 문장에서 '누가', '무엇이'에 해당하는 말이 주어예요. 문장의 주인공이라고 할 수 있지요. 주어는 주로 '~은/는/이/가'의 형태로 쓰여요.

 주어(~은/는/이/가)

주어
폼폼푸린은 + 귀엽다.

문해력 쑥쑥! '누가'에 해당하는 '폼폼푸린은'이 문장 속 주어예요.

주어

문장의 가장 기본 성분으로,
문장에서 어떤 동작이나 상태의 주체를 말해요.

월   일

오늘의 나를 칭찬해 줘!

 문장 따라 쓰기

문장에서 주어를 확인하고, 예쁜 글씨로 따라 써 보세요.

꽃이 예쁘다.

달이 밝다.

나무가 크다.

주어 찾아 쓰기

● 문장의 주어 자리에 들어갈 산리오캐릭터즈의 이름을 보기 에서 찾아 써 보세요.

보기

쿠로미   헬로키티   시나모롤

마이멜로디   폼폼푸린

햄버거를 먹는다.

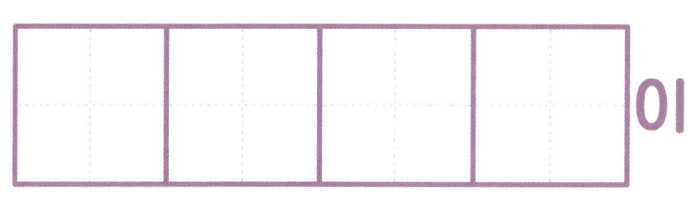

스케이트보드를 탄다.

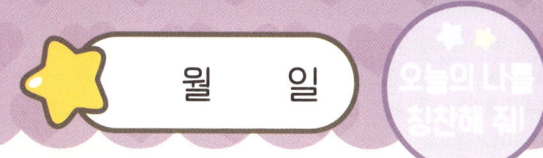   월   일

| | | | 가

앉아 있다.

| | | | | | 가

낮잠을 잔다.

| | | | | 이

가방을 메고 있다.

문장의 목적어

💙 문장에서 '무엇을'에 해당하는 말이 목적어예요. 행동의 대상이 되는 말이지요. 목적어는 주로 '~을/를'의 형태로 쓰여요.

 목적어(~을/를)

포차코는 **걷기를** (목적어) + 좋아한다.

 '무엇을'에 해당하는 '걷기를'이 문장 속 목적어예요.

목적어

문장의 구성 성분으로,
문장에서 움직임의 대상이 되는 말이에요.

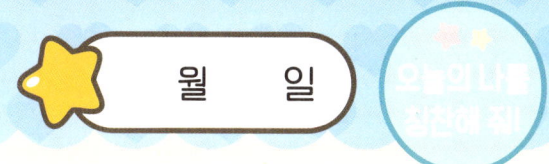

문장 따라 쓰기

문장에서 목적어를 확인하고, 예쁜 글씨로 따라 써 보세요.

동생이 크림빵을 먹는다.

친구가 운동화를 신었다.

목적어 찾아 쓰기

● **보기** 에서 문장의 목적어 자리에 들어갈 말을 찾아 써 보세요.

보기

연필을   차를   음식을

숙제를   선물을

마이멜로디가 ☐☐☐ 받았다.

헬로키티가 ☐☐ 마신다.

월   일

케로케로케로피가

| | | |

한다.

한교동이

| | | |

들고 있다.

폼폼푸린이

| | | |

만든다.

문장의 서술어

● 문장의 끝에 오는 말이 서술어예요. 주어의 행동이나 상태를 설명하지요.
서술어는 주로 '~이다.'의 형태로 쓰여요.

 서술어(~이다.)

케로케로케로피는 **활기차다.** (서술어)

문해력 쑥쑥! '~이다.'에 해당하는 '활기차다.'가 문장 속 서술어예요.

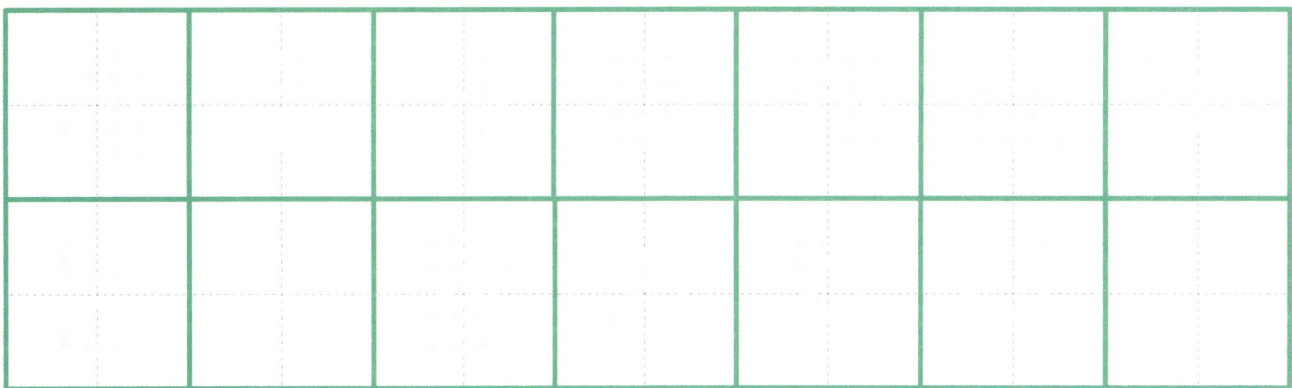

서술어

문장의 구성 성분으로,
문장에서 주어의 동작이나 상태를 서술해요.

월   일

문장 따라 쓰기

문장에서 서술어를 확인하고, 예쁜 글씨로 따라 써 보세요.

비가 내린다.

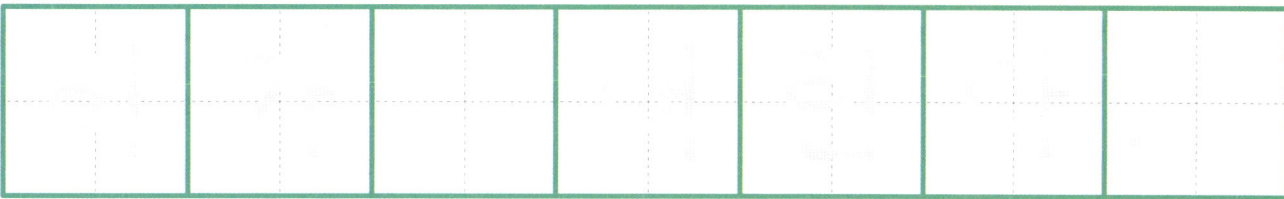

달이 예쁘다.

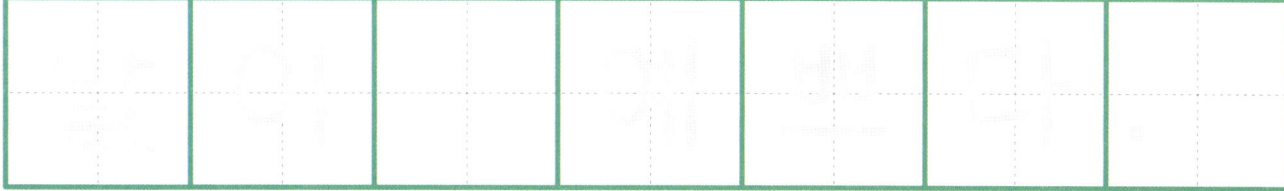

하늘이 맑다.

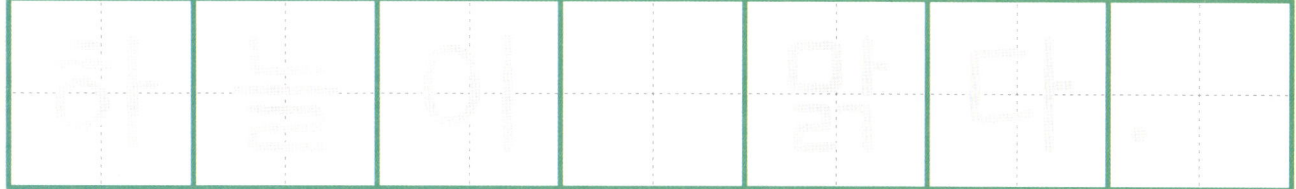

서술어 찾아 쓰기

♥ 보기 에서 문장의 서술어 자리에 들어갈 말을 찾아 써 보세요.

보기

만든다.   흔든다.
꾸민다.   마신다.   썼다.

폼폼푸린이 음식을

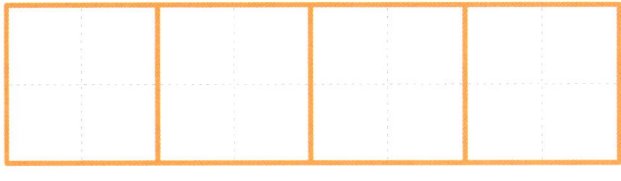

시나모롤이 차를

월   일

헬로키티가 얼굴을

포차코가 손을

마이멜로디가 헤어밴드를

문장 끊어 읽기

💜 문장을 알맞게 끊어 읽으면, 글의 내용을 정확하게 이해할 수 있어요.

 누가(무엇이) / 어떠하다(어찌하다)

누가		어떠하다
아기는	/	귀엽다.

무엇이		어찌하다
꽃이	/	핀다.

문장의 짜임

문장은 크게 '누가/무엇이 + 어떠하다/어찌하다/무엇이다'로 짜여 있어요.

월   일

● 아래의 문장에 직접 / 표시를 하며 끊어 읽어 보세요.

문장 끊어 읽기

문장을 끊어 읽으면 글을 이해하기 쉬워요.

1. 아이스크림은 달다.

2. 별이 반짝인다.

3. 아기가 웃는다.

4. 오늘은 금요일이다.

5. 나비가 날아다닌다.

미니 테스트

1 다음 문장에서 주어를 찾아 ○해 보세요.

나는 / 강아지를 / 좋아한다.

아이들이 / 공을 / 던진다.

봄은 / 따뜻하다.

2 보기 에서 문장의 빈칸에 들어갈 목적어를 찾아 써 보세요.

보기
연필을   물을   숙제를   피아노를   거울을

• 헬로키티가 [   ] 깎는다.

• 쿠로미가 [   ] 친다.

• 한교동이 [   ] 마신다.

월 일

3 알맞은 주어와 목적어, 서술어를 연결해 문장을 완성해 보세요.

시나모롤이　　폼폼푸린이　　포차코가

잠을　　음악을　　책을

듣는다.　　읽는다.　　잔다.

다른 그림 찾기

♥ 위, 아래 2개의 그림에서 다른 부분 **5군데**를 찾아 아래 그림에 표시해 보세요.

2장
문장 만들기

접속어

수식어

조사

그리고

에게

예쁜

문해력 쑥쑥! 이런 내용을 배워요!

• 1단계 •
문장을
이어 주는 말을
배워요.

• 2단계 •
문장을
꾸며 주는 말을
배워요.

• 3단계 •
문장을
도와주는 말을
배워요.

• 4단계 •
미니 테스트로
실력을 확인해요.

이어 주는 말

● 두 개의 문장이 나올 때, **문장과 문장을 이어 주는 말**을 **접속어**라고 해요.

 다양한 접속어

그리고 — 앞의 문장과 연결되는 문장이 이어질 때 써요.

공원을 산책했다. ☐☐☐ 사진도 찍었다.

그러나 — 앞의 문장과 반대되는 문장이 이어질 때 써요.

일찍 일어났다. ☐☐☐ 지각을 했다.

그래서 — 앞 문장이 뒤에 오는 문장의 원인이 될 때 써요.

배가 고팠다. ☐☐☐ 밥을 먹었다.

월   일

다양한 접속어의 종류와 쓰임을 배워요.

그런데 — 앞 문장과 내용이 바뀌는 문장이 이어질 때 써요.

옷을 샀다. ⬜⬜⬜ 너무 컸다.

왜냐하면 — 뒤에 오는 문장이 앞 문장의 원인이 될 때 써요.

칭찬을 받았다. 왜냐하면 숙제를 열심히 했기 때문이다.

또한 — 앞 문장의 내용에 더해지는 말을 쓸 때 써요.

내 동생은 귀엽다. 또한 착하다.

그리고 / 그러나

💜 앞의 문장과 연결되는 문장이 이어질 때, '그리고'를 써요.

빈칸에 '그리고'를 쓰면서 문장을 따라 읽어 보세요.

❤ 1 나는 키가 커요.

　　　　　　　　힘도 세요.

❤ 2 엄마는 사과를 좋아해요.

　　　　　　　　귤도 좋아해요.

❤ 3 동생은 노래를 잘 불러요.

　　　　　　　　춤도 잘 춰요.

❤ 4 친구는 손이 커요.

　　　　　　　　발도 커요.

● 앞의 문장과 반대되는 문장이 이어질 때, '그러나'를 써요.

빈칸에 '그러나'를 쓰면서 문장을 따라 읽어 보세요.

❶ 나는 키가 커요.

　　　　　힘은 약해요.

❷ 엄마는 사과를 좋아해요.

　　　　　귤은 싫어해요.

❸ 동생은 노래를 잘 불러요.

　　　　　춤은 못 춰요.

❹ 친구는 손이 커요.

　　　　　발은 작아요.

29

그래서 / 그런데

💙 앞 문장이 뒤에 오는 문장의 원인이 될 때, '그래서'를 써요.

 그래서

빈칸에 '그래서'를 쓰면서 문장을 따라 읽어 보세요.

① 운동을 해요.

 몸이 튼튼해요.

② 떡볶이가 매워요.

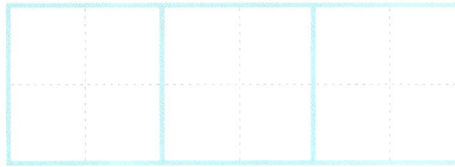 물을 마셨어요.

③ 길이 미끄러워요.

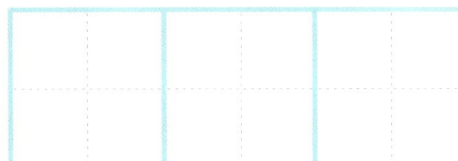 넘어졌어요.

④ 방이 깜깜해요.

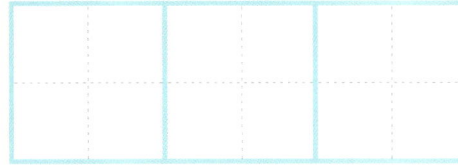 불을 켰어요.

● 앞 문장과 내용이 바뀌는 문장이 이어질 때, '그런데'를 써요.

빈칸에 '그런데'를 쓰면서 문장을 따라 읽어 보세요.

1. 요리를 좋아해요.

   청소는 싫어해요.

2. 약속 장소에 갔어요.

   친구가 아직 안 왔어요.

3. 날씨가 맑아요.

   갑자기 비가 내렸어요.

4. 산책을 갔어요.

   길을 잃었어요.

왜냐하면 / 또한

💗 뒤에 오는 문장이 앞 문장의 원인이 될 때, '왜냐하면'을 써요.

빈칸에 '왜냐하면'을 쓰면서 문장을 따라 읽어 보세요.

❶ 옷이 젖었어요.

비가 내렸기 때문이에요.

❷ 지각을 했어요.

늦잠을 잤기 때문이에요.

❸ 옷이 작아졌어요.

키가 컸기 때문이에요.

❹ 동생이 울어요.

넘어졌기 때문이에요.

● 앞 문장의 내용에 더해지는 말을 쓸 때, '**또한**'을 써요.

빈칸에 '또한'을 쓰면서 문장을 따라 읽어 보세요.

❶ 나는 축구를 잘해요.
　　☐☐ 농구도 잘해요.

❷ 친구는 발표를 잘해요.
　　☐☐ 그림도 잘 그려요.

❸ 우리 집 강아지는 귀여워요.
　　☐☐ 똑똑해요.

❹ 이 책은 재미있어요.
　　☐☐ 감동적이에요.

이어 주는 말 찾아 쓰기

● 보기 에서 문장의 빈칸에 들어갈 말을 찾아 써 보세요.

보기

그리고   그러나   그래서

왜냐하면   또한

기분이 좋아요.

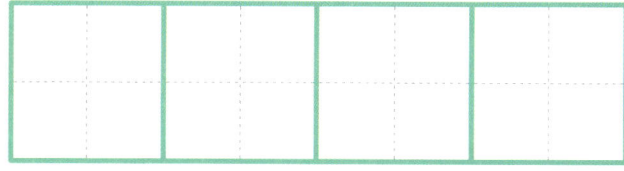

칭찬을 받았기 때문이에요.

친구에게 전화를 해요.

친구가 전화를 받지 않아요.

월   일

화분에 물을 줬어요.

꽃이 활짝 피었어요.

빵을 먹어요.

주스도 마셔요.

엄마는 요리를 잘해요.

뜨개질도 잘해요.

꾸며 주는 말

● 문장의 앞이나 뒤에서 **문장 속 단어를** 꾸며 주는 말을 **수식어**라고 해요.

 다양한 수식어

보기

맛있는 음식이 많이 있어요.

 '맛있는'은 '음식'을, '많이'는 '있다'를 꾸며 주는 말이에요.

● 보기처럼 문장 속 꾸며 주는 말을 찾아 직접 화살표 표시를 해 보세요.

1
빨간 사과를 맛있게 먹어요.

2
넓은 공원을 힘차게 달려요.

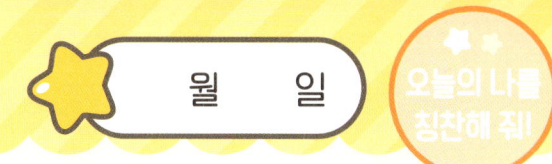

문장에서 꾸며 주는 말을 찾아봐요~.

3 기다란 기차가 빨리 달려요.

4 더러운 손을 깨끗이 씻어요.

5 두꺼운 책을 열심히 읽어요.

6 예쁜 꽃이 활짝 피었어요.

도와주는 말

● 문장에서 단어가 연결되도록 도와주는 말을 조사라고 해요.

 다양한 조사

다양한 조사의 종류와 쓰임을 배워요.

~와(과) — 앞에 나오는 단어와 동등한 단어가 나올 때 써요.

고양이 와 강아지 / 연필 과 지우개

~보다 — 앞에 나오는 단어와 비교하는 말이 나올 때 써요.

나는 떡 보 다 빵을 좋아해요.

~하고 — 비교하거나 기준으로 삼는 대상을 나타낼 때 써요.

나는 동생 하 고 닮았어요.

~에게 — 주로 사람을 나타내는 말 뒤에 써요.

친구가 나 에게 선물을 줬어요.

~에서 — 주로 장소를 나타내는 말 뒤에 써요.

가게 에서 과자를 샀어요.

 **문해력 쑥쑥!** 이 외에도 도와주는 말로 '~의, ~같이, ~처럼' 등이 있어요.

~와(과)/~보다/~하고

● 도와주는 말에 집중하면서 문장을 따라 써 보세요.

~와(과)/~보다/~하고

~에게/~에서

💙 도와주는 말에 집중하면서 문장을 따라 써 보세요.

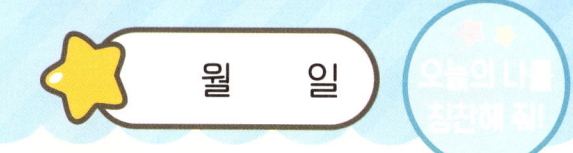

또박또박 예쁜 글씨로
따라 써 보세요.

미니 테스트

1 보기 에서 문장의 빈칸에 들어갈 이어 주는 말을 찾아 써 보세요.

보기
그런데   왜냐하면   그래서

• 운동을 해요. ☐ 몸이 튼튼해요.

• 산책을 갔어요. ☐ 길을 잃었어요.

• 옷이 젖었어요.
  ☐ 비가 내렸기 때문이에요.

2 ( ) 안에 들어갈 알맞은 말에 ○해 보세요.

• 고양이(와 / 에게) 강아지

• 나는 동생(보다 / 하고) 닮았어요.

• 친구가 나(에게 / 에서) 선물을 줬어요.

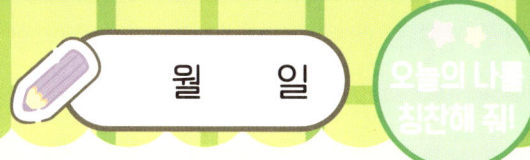

3 아래의 단어를 올바른 순서대로 나열해 문장을 완성하고 써 보세요.

끝말잇기

● 그림을 보고 단어를 채워 넣으면서 끝말잇기를 해요.

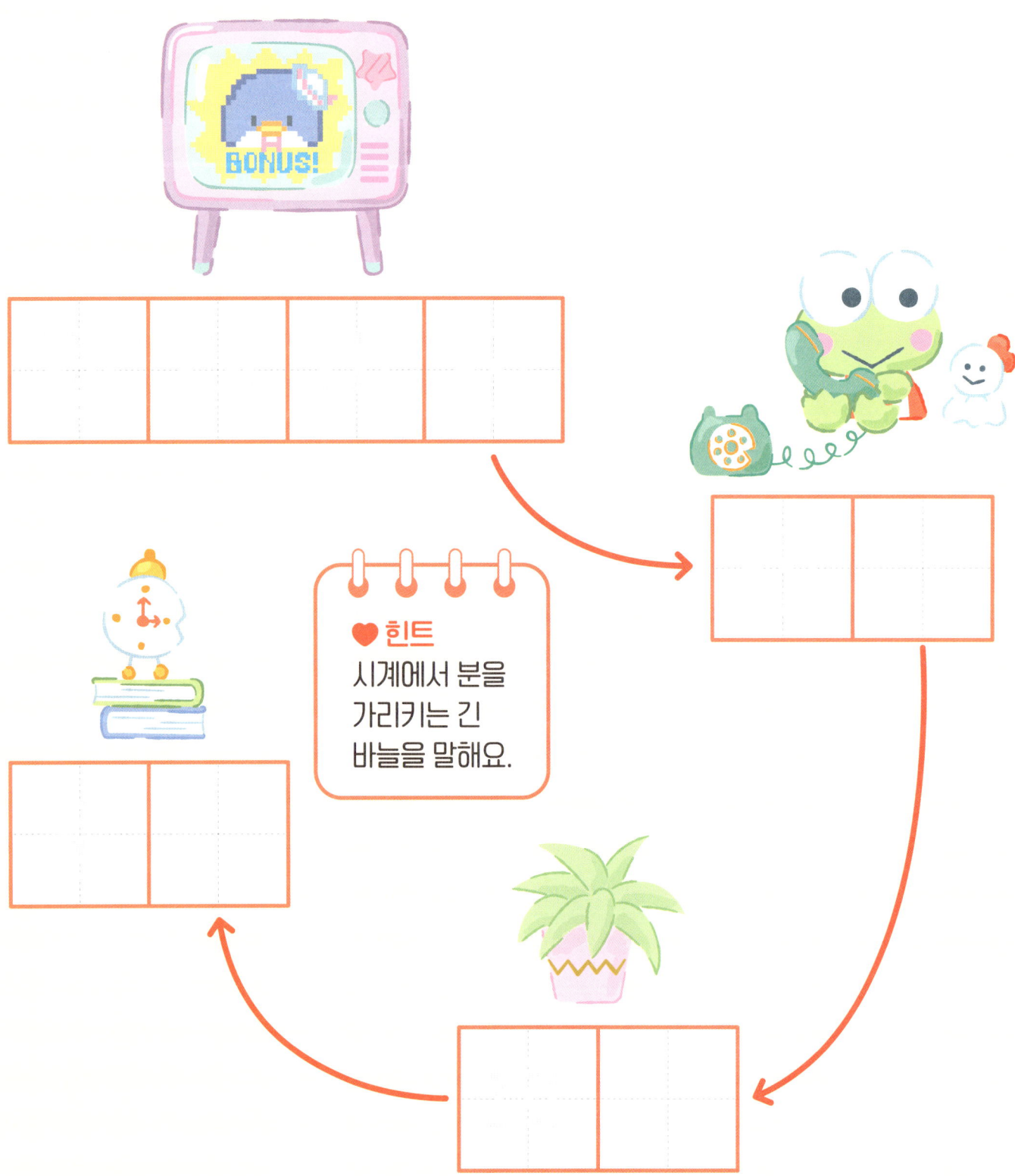

● 힌트
시계에서 분을 가리키는 긴 바늘을 말해요.

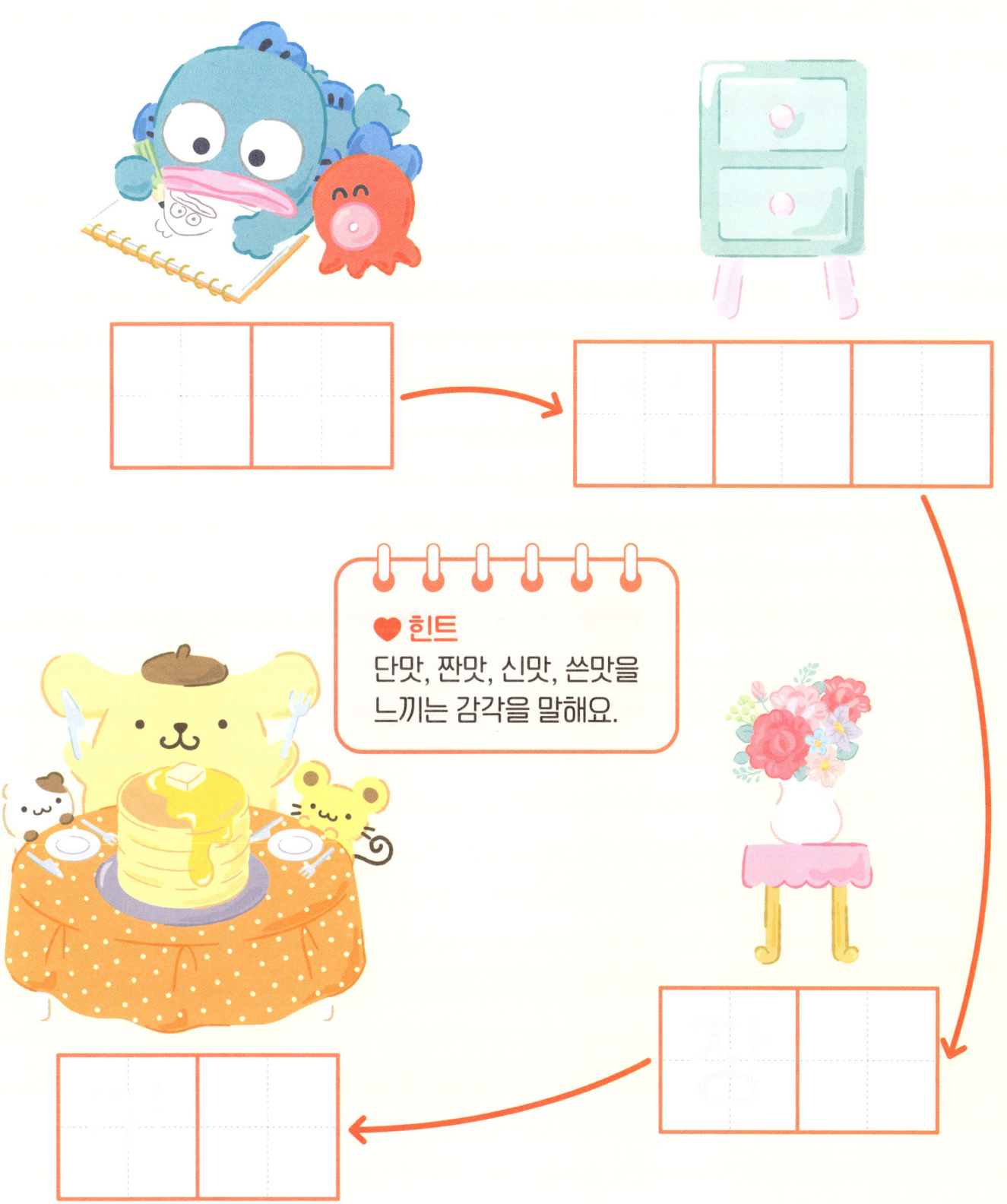

♥ 힌트
단맛, 짠맛, 신맛, 쓴맛을 느끼는 감각을 말해요.

문장 완성하기

작은
따옴표

,

마침표

큰V집

!

?

문해력 쑥쑥! 이런 내용을 배워요!

• 1단계 •
문장 부호의
이름과 쓰임을
배워요.

• 2단계 •
문장 부호를
넣어 문장을
완성해요.

• 3단계 •
띄어쓰기 규칙을
배우고, 문장을
완성해요.

• 4단계 •
미니 테스트로
실력을 확인해요.

문장 부호

● 문장의 뜻을 정확하게 전달하기 위해서 **문장 부호**를 써요.
문장 부호를 알면 글의 뜻을 쉽게 알 수 있어요.

 **다양한 문장 부호**

다양한 문장 부호의 이름과 쓰임을 공부해요.

 **쉼표**
부르거나 대답할 때, 단어를 여러 개 늘어놓을 때 써요.

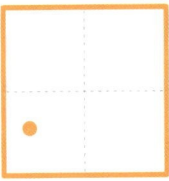 **마침표**
문장의 끝에 써요.

 **물음표**
묻는 문장의 끝에 써요.

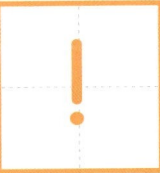 **느낌표**
느낌을 나타내는 문장의 끝에 써요.

 **큰따옴표**
다른 사람이 한 말을 그대로 옮길 때 써요.

  **작은따옴표**
마음속으로 한 말을 적을 때 써요.

월   일

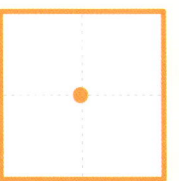 **가운뎃점**
단어를 구분할 때 써요.

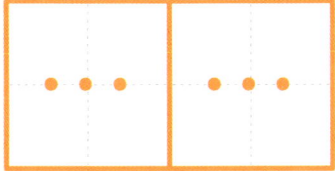 **말줄임표**
말이 없을 때나 문장을 줄일 때 써요.

❤ 다음 문장 부호를 예쁜 글씨로 따라 써 보세요.

 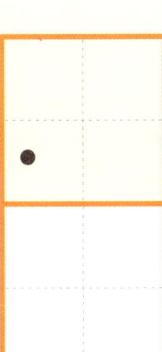  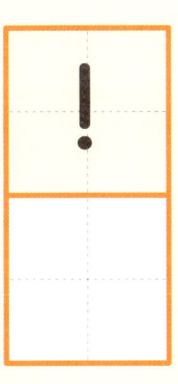

  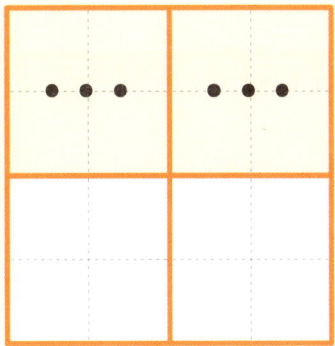

쉼표와 마침표

● 쉼표는 문장에서 누군가를 부르거나 대답할 때, 또는 단어를 여러 개 늘어놓을 때 써요.

 쉼표

 글자 다음 칸의 왼쪽 아래에 써요.

● 쉼표에 집중하면서 다음 문장을 예쁜 글씨로 따라 써 보세요.

● 마침표는 문장의 끝에 써요.

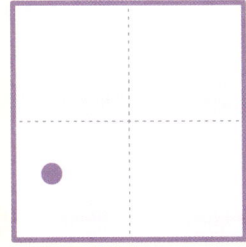

마지막 글자 다음 칸의
왼쪽 아래에 써요.

● 마침표에 집중하면서 다음 문장을 예쁜 글씨로 따라 써 보세요.

물음표와 느낌표

💙 물음표는 묻는 문장의 끝에 써요.

글자 다음 칸의
가운데에 써요.

💙 물음표에 집중하면서 다음 문장을 예쁜 글씨로 따라 써 보세요.

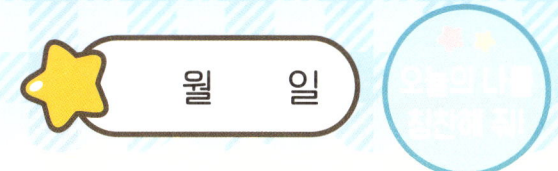

💙 느낌표는 느낌을 나타내는 문장의 끝에 써요.

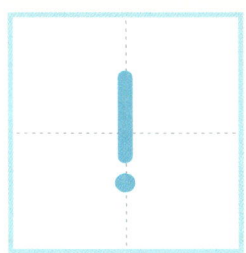

글자 다음 칸의
가운데에 써요.

💙 느낌표에 집중하면서 다음 문장을 예쁜 글씨로 따라 써 보세요.

큰따옴표와 작은따옴표

● **큰따옴표는** 다른 사람이 한 말을 그대로 옮길 때 써요.

 큰따옴표

앞에서는 오른쪽 위,
뒤에서는 왼쪽 위에 붙여 써요.
단, 마침표와 쓸 때는
한 칸에 같이 써요.

● 큰따옴표에 집중하면서 다음 문장을 예쁜 글씨로 따라 써 보세요.

 "강아지가 정말 귀여워요."처럼 글 가운데에 대화 내용을 표시할 때도 큰따옴표를 써요.

💗 작은따옴표는 **마음속으로 한 말을 적을 때** 써요.

| | ' | ' | |

앞에서는 오른쪽 위,
뒤에서는 왼쪽 위에 붙여 써요.
단, 마침표와 쓸 때는
한 칸에 같이 써요.

💗 작은따옴표에 집중하면서 다음 문장을 예쁜 글씨로 따라 써 보세요.

문해력 쑥쑥! 우리의 목표는 '우승'이에요. 처럼 문장에서 강조하는 단어에도 작은따옴표를 써요.

가운뎃점과 말줄임표

💚 가운뎃점은 단어를 구분할 때 써요.

 가운뎃점

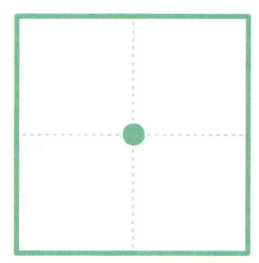 한 칸의 가운데에 써요.

💚 가운뎃점에 집중하면서 다음 단어를 예쁜 글씨로 따라 써 보세요.

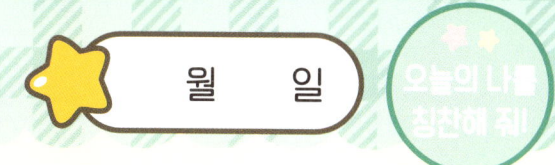

● 말줄임표는 말이 없을 때나 문장을 줄일 때 써요.

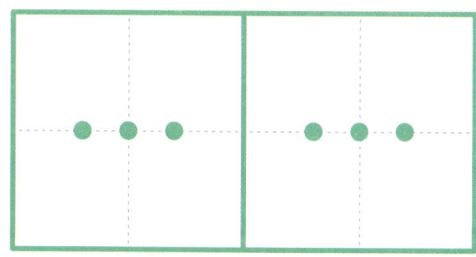

한 칸의 가운데에
점을 세 개씩 써요.

● 말줄임표에 집중하면서 다음 문장을 예쁜 글씨로 따라 써 보세요.

 말줄임표는 ··· 처럼 점을 3개만 쓸 수도 있어요.

띄어쓰기

● 띄어쓰기를 하면, 글의 뜻을 쉽고 빠르게 이해할 수 있어요.
규칙에 따라 띄어쓰기 연습을 해 보세요.

 **낱말 띄어쓰기**

보기

옷가방신발모자장갑

→ 옷V가방V신발V모자V장갑

규칙 ①

여러 개의 낱말을 붙여 쓰면 어떤 낱말인지 알기 어려워요.
따라서 **낱말과 낱말은 띄어 써요.**

● 위의 처럼 바르게 띄어 써 보세요.

연필공책의자책상지우개

→

월   일

 ~이/~만큼/~처럼 띄어쓰기

보기

꽃 이 / 꽃 만큼 / 꽃 처럼 예쁘다.
→ 꽃이 / 꽃만큼 / 꽃처럼 예쁘다.

규칙 ②

~이/~만큼/~처럼은 앞 말에 **붙여 써요**.

♥ 위의 처럼 바르게 붙여 써 보세요.

하늘 만큼 파랗다.

→

 것/수 띄어쓰기

보기

- 아는것이 많다. → 아는V것이 많다.
- 나도 할수 있다. → 나도 할V수 있다.

것/수는 앞 말과 띄어 써요.

💜 위의 보기 처럼 바르게 띄어 써 보세요.

친구를 본것 같다.

→

월   일

 **단위 띄어쓰기**

보기

| 한V개 | 두V대 | 세V명 |
| 열V마리 | 한V권 | 아홉V살 |

규칙 ④

숫자와 단위를 나타내는 말은 띄어 써요.
단, '10명, 100원'처럼 많이 쓰는 말은 붙여 쓸 수 있어요.

♥ 위의 보기 처럼 바르게 띄어 써 보세요.

나는 일곱살이다.

→

헷갈리는 띄어쓰기

● 띄어쓰기에 따라 뜻이 달라지는 단어가 있어요.
헷갈리지 않도록 따라 쓰면서 구분해 보세요.

 **못하다 vs 못 하다**

못하다
어떤 일을 할 능력이 없다는 뜻으로 '잘하다'의 반대말이에요.

 VS

못∨하다
어떤 일을 할 능력이 있지만, 환경 등의 이유로 할 수 없을 때 써요.

● 띄어쓰기에 집중하면서 문장 속 단어를 따라 써 보세요.

부끄러워서 노래를

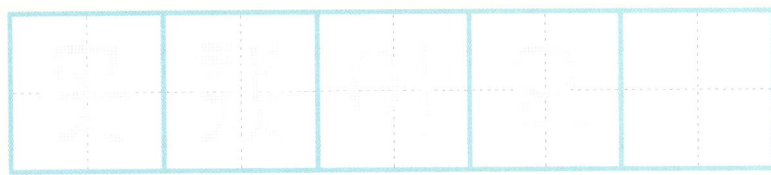

내 차례가 아니라 노래를

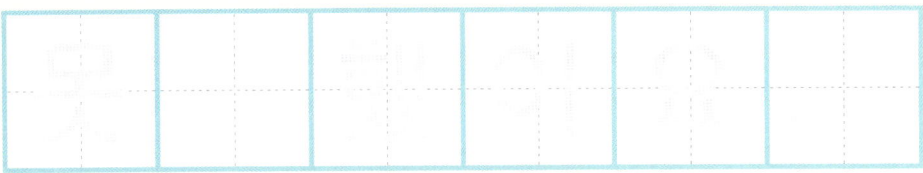

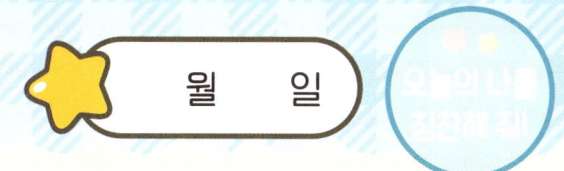 월   일

헷갈리는 띄어쓰기를 구분하고 따라 써요.

 **한번 vs 한 번**

한번
어떤 일을 시도할 때나 기회, 강조의 뜻을 나타낼 때 써요.

VS

한∨번
차례나 횟수를 나타낼 때 써요.

💙 띄어쓰기에 집중하면서 문장 속 단어를 따라 써 보세요.

이번에 수영을
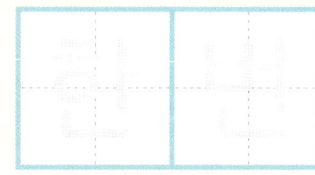 배워 볼게요.

하루에
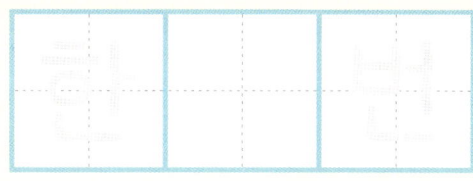 운동해요.

 **큰집 vs 큰 집**

> 헷갈리는 띄어쓰기를 구분하고 따라 써요.

큰집

집안의 첫째가 사는 집을 말해요.

VS

큰V집

크기가 작지 않고 커다란 집을 말해요.

❤ 띄어쓰기에 집중하면서 문장 속 단어를 따라 써 보세요.

명절이 되면

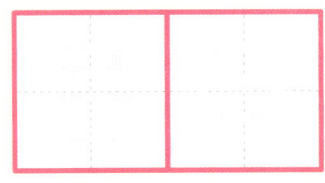 에 모여요.

우리 동네에서 가장

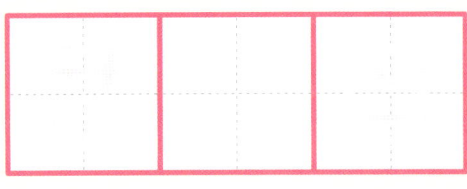 에는 정원이 있어요.

월   일

큰소리 vs 큰 소리

큰소리
'큰'과 '소리'가 합쳐진 말로, 야단칠 때 쓰는 말이에요.

VS

큰V소리
소리가 작지 않고 크다는 뜻이에요.

♥ 띄어쓰기에 집중하면서 문장 속 단어를 따라 써 보세요.

엄마가

[　｜　｜　] 로 야단쳤어요.

[　｜　｜　｜　] 로

발표했어요.

65

미니 테스트

1 다음 설명에 맞는 문장 부호를 찾아 연결해 보세요.

부르거나
대답할 때 써요. •

마음속으로 한 말을
적을 때 써요. •

느낌을
나타낼 때 써요. •

2 ☐ 안에 알맞은 문장 부호를 써 보세요.

• 와, 정말 멋있구나 ☐

• 엄마 ☐ 고맙습니다.

• 생일 선물로 받고 싶은 거 있어 ☐

• ☐ 배고프다. ☐ 라고 생각했다.

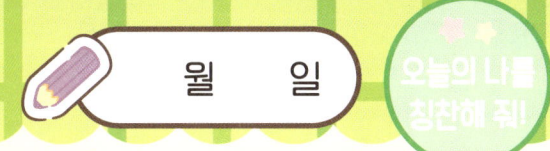

3 다음 문장을 올바르게 띄어 써 보세요.

나도할수있다.

→

4 ( ) 안에 들어갈 알맞은 말에 ○해 보세요.

- 친구들과 함께 (큰소리 / 큰 소리)로 떠들었어요.

- 설날에 (큰집 / 큰 집)에 가기로 했어요.

- 일주일에 (한 번 / 한번) 영화를 봐요.

가로세로 낱말 퍼즐

가로

② 문장의 끝에 오는 말이며, 주로 '~(이)다.'의 형태로 쓰여요.
  예) '케로케로케로피는 활기차다.'에서 ○○○는 '활기차다.'예요.

④ 앞 문장에 더해지는 말을 쓸 때, 이어 주는 말이에요.
  예) 나는 축구를 잘해요. ○○ 농구도 잘해요.

⑦ 다른 사람이 한 말을 그대로 옮길 때 쓰는 문장 부호예요.
  예) 친구가 "깜짝이야!"라고 소리쳤어요.

⑧ 동물이나 벌레 등을 세는 단위로, 앞 말과 띄어 써요.
  예) 소 열 ○○, 강아지 세 ○○

세로

① 앞 문장이 뒤에 오는 문장의 원인이 될 때 써요.
  예) 운동을 해요. ○○○ 몸이 튼튼해요.

③ 문장에서 '누가', '무엇이'에 해당하는 말이에요.
  예) '폼폼푸린은 귀엽다.'에서 ○○는 '폼폼푸린은'이에요.

⑤ 어떤 일을 시도할 때나 기회, 강조의 뜻을 나타낼 때 써요.
  예) 이번에 수영을 ○○ 배워 볼게요.

⑥ 묻는 문장의 끝에 쓰는 문장 부호예요.
  예) '왜 그래?', '무슨 일 있어?'

⑦ '큰'과 '소리'가 합쳐진 말로, 야단칠 때 쓰는 말이에요.
  예) 엄마가 ○○○로 야단쳤어요.

● 68쪽의 문제를 풀고, 아래 빈칸에 들어갈 말을 채워 보세요.

문장으로 표현하기

감정 쓰기

소개 글

경험 쓰기

문해력 쑥쑥! 이런 내용을 배워요!

• 1단계 •
감정 단어를 따라 쓰고, 나의 감정을 표현해요.

• 2단계 •
나를 소개하는 글을 써요.

• 3단계 •
나의 다양한 경험을 글로 써 봐요.

• 4단계 •
미니 테스트로 실력을 확인해요.

감정 단어 쓰기

♥ 우리가 느끼는 감정의 종류에는 무엇이 있을까요?
다양한 감정을 나타내는 문장 속 단어를 따라 써 보세요.

 다양한 감정 쓰기

1. 시합에서 이겨서

2. 새 학기를 앞두고

3. 날씨가 좋아서

4. 도움을 받아서

5. 집에 오니까

6. 시험을 잘 봐서

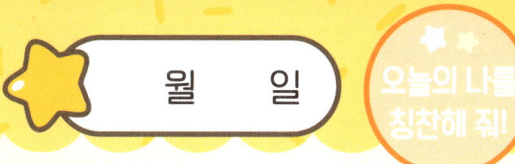

❤ 7 연락이 안 돼서

❤ 8 공포 영화는

❤ 9 사과를 안 하는 동생이

❤ 10 인형을 잃어버려서

❤ 11 소풍을 가는 것은

❤ 12 친구가 모른 척을 해서

나의 감정 표현하기

● 우리는 매일 다양한 감정을 느껴요.
나의 감정을 살펴보고, 글로 써 보세요.

> 오늘 나의 감정에 맞는 단어를 골라 봐요.

나의 감정 쓰기

보기

| 기쁘다 | 설레다 | 얄밉다 |
| 감사하다 | 편안하다 | 서운하다 |

● 보기 에서 감정 단어를 한 가지 골라 써 보세요.

| | | | |

● 내가 고른 감정과 관련된 경험을 떠올려 글로 써 보세요.

....

....

....

♥ 예시 ♥ **설레다**
이번 방학에 바다로 가족 여행을 가기로 했다. 설레서 친구들에게 자랑했다.

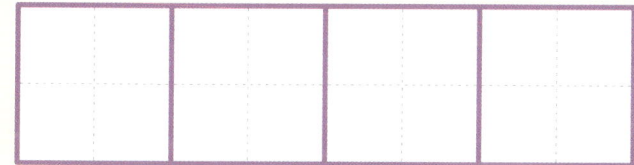

- 보기 에서 감정 단어를 한 가지 골라 써 보세요.

- 내가 고른 감정과 관련된 경험을 떠올려 글로 써 보세요.

....

....

....

♡ 예시 ♡ 무섭다
어제 친구랑 공포 책을 읽었다. 밤에 자려고 누웠는데 귀신이 떠올라서 무서웠다.

소개하는 글 쓰기

● 어떤 대상에 대해 소개하는 글을 바로 쓰기 어렵다면,
종이에 이름을 적고, 떠오르는 생각을 마음껏 적어 보세요.

 나는 누구일까요?

- 매력: 아기 똥배
- 생일: 2월 29일
- 취미: 걷기, 놀기
- 좋아하는 음식: 바나나 아이스크림

● 위에서 설명하는 '나'는 누구일까요? 이름을 써 보세요.

월   일

● 다음은 76쪽의 내용을 문장으로 쓴 글이에요.
또박또박 예쁜 글씨로 따라 써 보세요.

생일

취미

좋아하는 음식

● '나'는 누구일까요?

나를 소개하는 글 쓰기

● '나'에 대해 곰곰이 생각해 보고, 나의 생일, 취미, 매력 등을 써 보세요.

잘 모르겠다면 76쪽을 다시 살펴봐요.

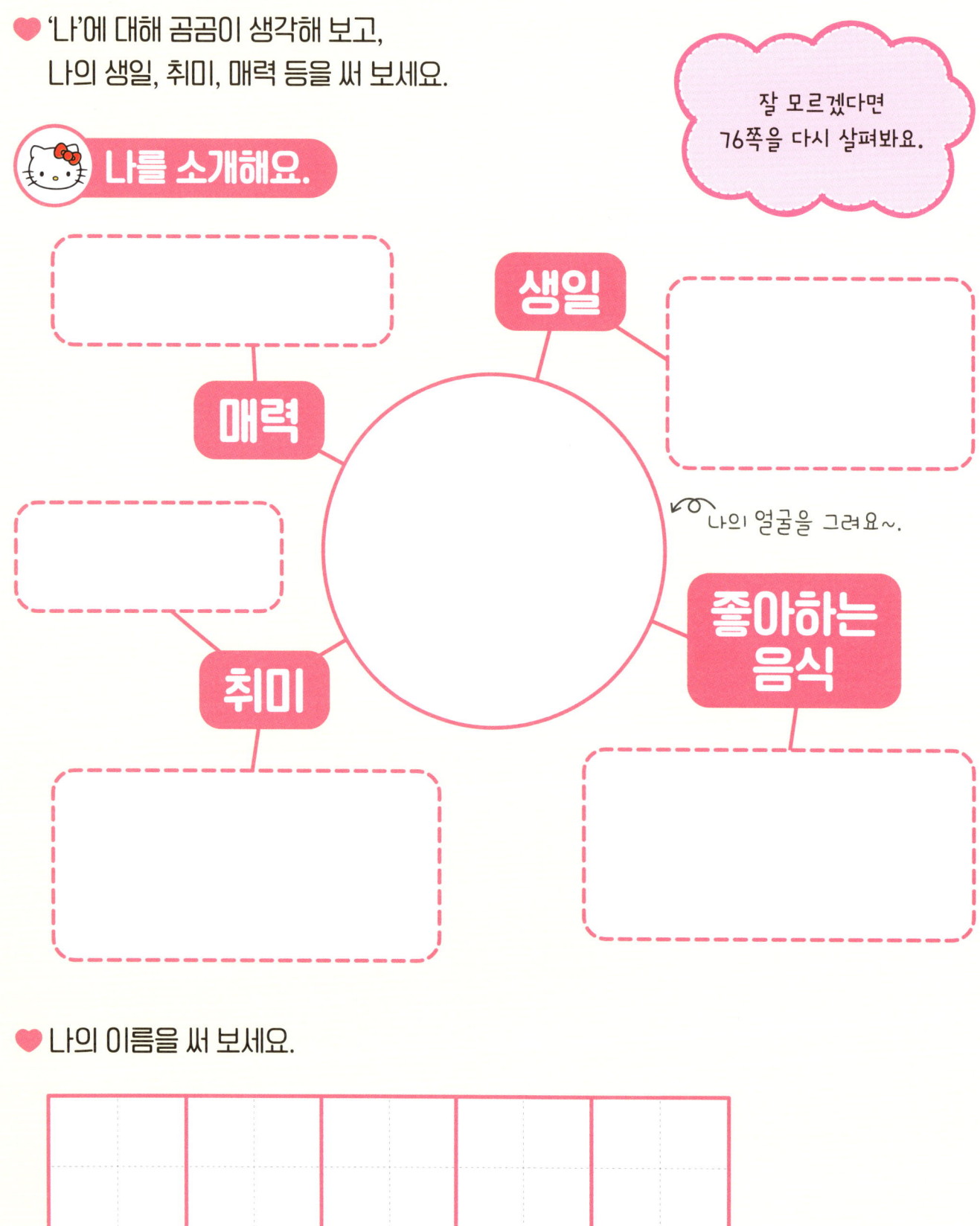

● 나의 이름을 써 보세요.

● 78쪽에 쓴 내용으로 '나를 소개하는 글'을 써 보세요.

재미있는 책

● 가장 재미있게 읽은 책은 무엇인가요?
　친구들에게 내가 읽은 책을 소개해 보세요.

⭐ 책 제목 :　　　　　　　　　　　읽은 날 :　　월　　일

❤예시❤ 책 제목: 산리오캐릭터즈 수수께끼 사전 / 읽은 날: 202X년 2월 5일
친구랑 같이 읽었는데 내가 친구보다 정답을 많이 맞혀서 좋았다.
수수께끼가 많아서 재미있었다.

즐거운 여행

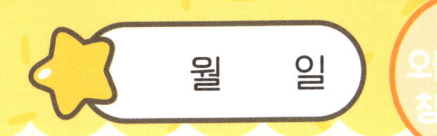

- 가족이나 친구들끼리 여행을 간 적이 있나요?
  기억을 떠올려 여행지에서 있었던 일을 써 보세요.

여행 장소 :   **여행 간 날 :   월   일**

💛 **예시** 💛 여행 장소: 제주도 / 여행 간 날: 202X년 7월 20일
가족끼리 제주도를 갔는데 비행기에서 본 구름이 신기했다.
바다도 보고, 맛있는 것도 많이 먹었다.

좋아하는 동물

● 가장 좋아하는 동물은 무엇인가요?
　내가 좋아하는 동물의 이름과 좋아하는 이유를 써 보세요.

⭐ **동물 이름 :**

　　　　...

　　　　...

　　　　...

　　　　...

　　　　...

♥예시♥　**동물 이름: 강아지**
친구네 집에 놀러 갔는데 강아지가 있었다.
나를 보고 꼬리를 흔들어 줘서 좋았다.

설레는 생일

월 일

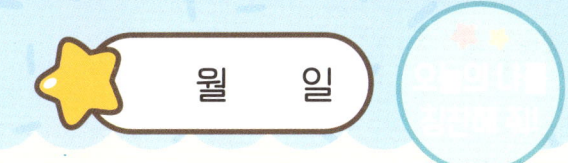

● 생일 파티에 초대하고 싶은 친구가 있나요?
친구에게 초대장을 써 보세요.

생일 :   **장소 :**

....

....

....

....

....

♥예시♥ 생일: 11월 1일 / 장소: 우리 집
친구야, 안녕? 내 생일 파티에 네가 왔으면 좋겠어.
우리 집에서 게임하면서 같이 놀자.

미니 테스트

 다음 상황에 맞는 감정을 찾아 연결하고, 아래 빈칸에 따라 써 보세요.

어려운 문제를
풀어서

친구가 나만 모르는
이야기를 해서

좋아하는 친구랑
짝꿍이 되어서

꾀병을 부리는
동생이

부모님께서
용돈을 주셔서

서운하다.

뿌듯하다.

설레다.

감사하다.

얄밉다.

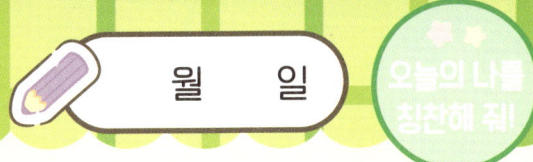

2 보기 에서 알맞은 말을 골라 빈칸에 쓰고, 1층에 전체 문장을 써 넣어 계단을 완성해 보세요.

보기
친구의   선물을   생일

5) 나는 샀다.

4) 나는 _____ 샀다.

3) 나는 _____ _____ 샀다.

2) 나는 _____ _____ _____ 샀다.

1) _____

숨은 그림 찾기

● **보기** 에 있는 단어를 아래 그림에서 찾아 ○해 보세요.

보기

컵   책   꽃병

창문   선인장   달

> 보기

낚싯대   버섯   해먹
버스   사다리   침낭

받아쓰기 연습장

● 산리오캐릭터즈와 연습한 문장으로 백 점 만점! 받아쓰기를 해 보세요.

※ 부모님이나 선생님이 불러 주는 문장을 써 보세요.

| 날짜 | | 이름 | | 점수 | |

1.
2.
3.
4.
5.
6.
7.
8.
9.
10.

※ 부모님이나 선생님이 불러 주는 문장을 써 보세요.

날짜		이름		점수	

1.
2.
3.
4.
5.
6.
7.
8.
9.
10.

문장 카드 1

❤ 산리오캐릭터즈 카드 뒷면에 있는 **문장 부호**를 복습하고, 나만의 문장 카드를 만들어요.

※ 점선을 따라 잘라요.

※ 점선을 따라 잘라요.

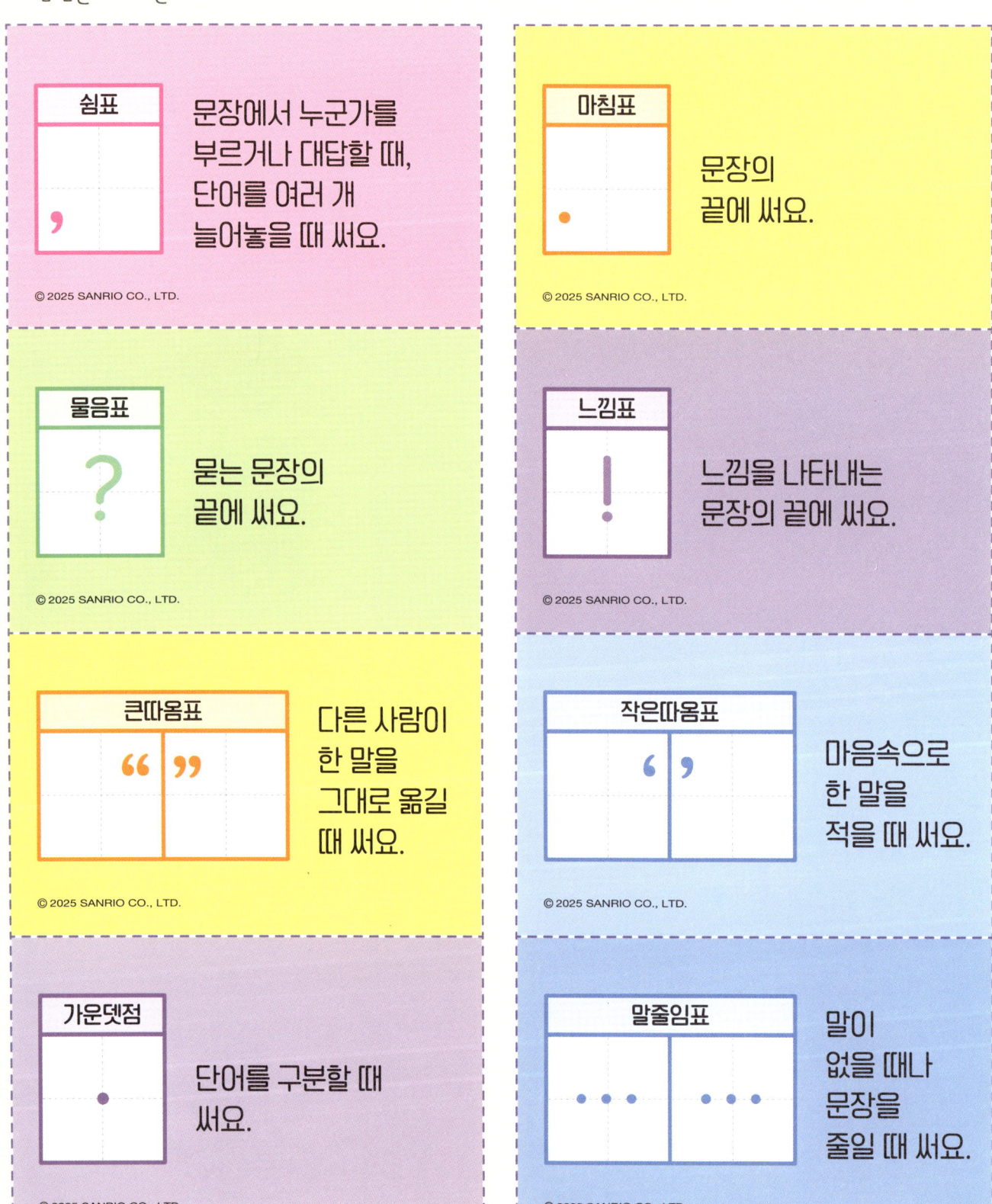

문장 카드 2

● 산리오캐릭터즈 카드 뒷면에 있는 **이어 주는 말**을 복습하고, 나만의 문장 카드를 만들어요.

※ 점선을 따라 잘라요.

정답

1장 문장의 성분

20-21쪽

22-23쪽

2장 문장 만들기

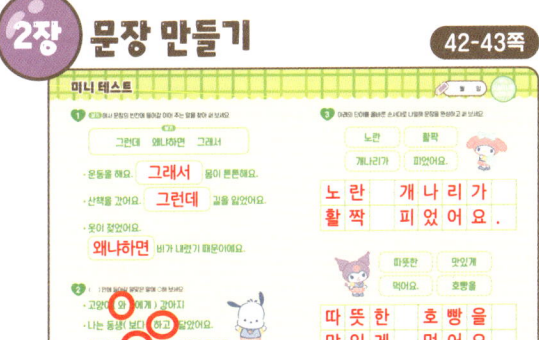

42-43쪽

44-45쪽

3장 문장 완성하기

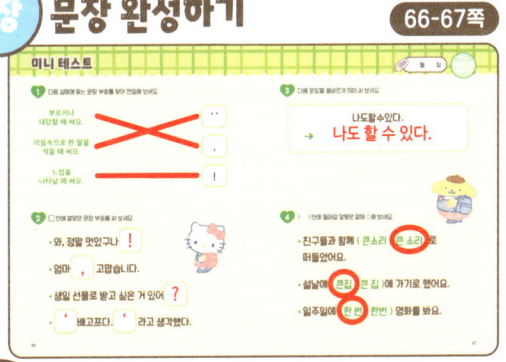

66-67쪽

68-69쪽

4장 문장으로 표현하기

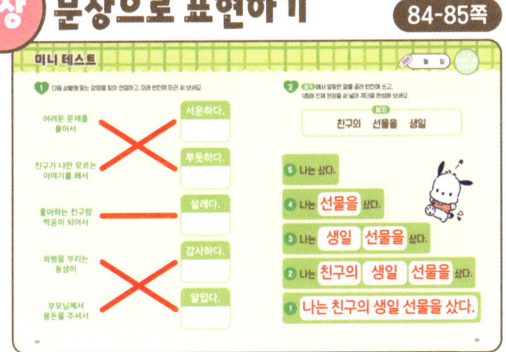

84-85쪽

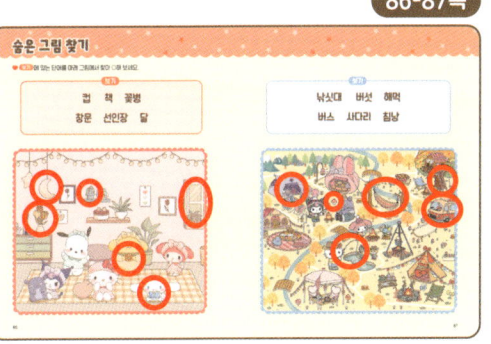

86-87쪽

1판 1쇄 인쇄 | 2025년 3월 14일
1판 1쇄 발행 | 2025년 3월 28일
발행인 | 심정섭
편집인 | 안예남
편집팀장 | 최영미
편집 | 이수진, 허가영
디자인 | 디자인 레브
브랜드마케팅 | 김지선, 하서빈
출판마케팅 | 홍성현, 김호현
제작 | 정수호
발행처 | ㈜서울문화사 등록일 | 1988년 2월 16일 등록번호 | 제2-484
주소 | 서울특별시 용산구 새창로 221-19
전화 | 02-791-0708(판매), 02-799-9375(편집)
인쇄 | 에스엠그린
ISBN 979-11-7371-405-4

 © 2025 SANRIO CO., LTD.
FOR SALE IN KOREA ONLY

※ 본 제품은 ㈜산리오코리아와 ㈜서울문화사의 라이선스 계약에 따라,
한국 내에서만 판매를 허락받은 제품이며, 본 제품 및 캐릭터의 무단 복제를 금합니다.